DAGMAR VON CRAMM

# KOCHEN FÜR BABYS

FOTOGRAFIE: MONA BINNER, AUEN60 PHOTOGRAPHY

# INHALT

*Öffnen Sie die Klappen dieses Buches.*
*Dort finden Sie die wichtigsten Infos zum Thema auf einen Blick!*

DAS BREI-PRINZIP

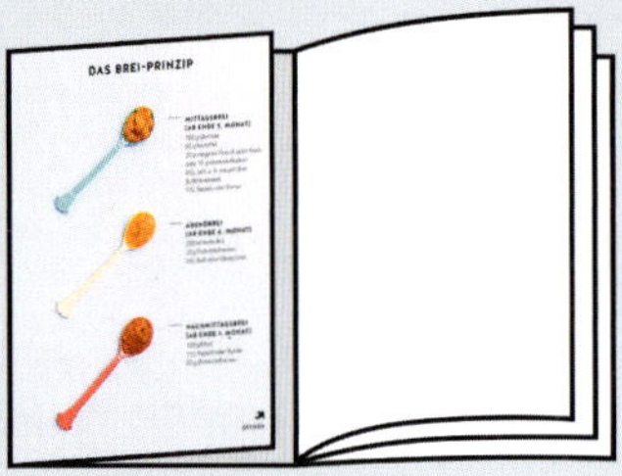

OBST UND GEMÜSE FÜRS BABY

Immer griffbereit:

WANN KOMMT WELCHER BREI?

Immer griffbereit:

ALLES FÜR DEN BEIKOST-START

**GU CLOU**

Wussten Sie schon, dass …?
Entdecken Sie bei einigen ausgewählten Rezepten ganz besondere Tipps mit verblüffendem Insiderwissen. Aha-Momente garantiert!

Mit diesem Symbol sind alle vegetarischen Gerichte gekennzeichnet.

Die Backzeiten können je nach Herd variieren. Unsere Temperaturangaben beziehen sich auf das Backen im Elektroherd mit Ober- und Unterhitze.

Sammeln Ihrer Lieblingsrezepte mit der »GU Kochen Plus«-App (siehe S. 64)

# REZEPTKAPITEL

# DAGMAR VON CRAMM

*Schnell, gesund und kindgerecht? Ernährungsexpertin Dagmar von Cramm weiß, wie das geht. Seit Jahrzehnten berät sie junge Mütter vom ersten Brei bis zur Lunchbox für die Schule. Ihr geballtes Wissen steckt in diesem Küchenratgeber für die Beikostzeit!*

## Warum ist mir Kochen für Babys so wichtig?

Ich finde es am besten, Babys von Anfang an an natürliche, frische Lebensmittel mit ihrem individuellen Aroma zu gewöhnen: So lernen sie schmecken! Und Sie sparen viel Zeit, wenn Sie gleichzeitig für sich und Ihr Baby kochen. Außerdem markiert die Breizeit den Beginn der gemeinsamen Familienmahlzeiten – für mich die beste Grundlage für Geborgenheit und ein gutes Miteinander in der Familie.

## Was kann man falsch machen?

Grundsätzlich sollten Sie weder für sich noch für Ihr Kind Essen warm halten. Das lässt nämlich die Keime sprießen und fördert die Bildung von Nitrat. Lieber das Essen kalt stellen oder einfrieren und vor dem Essen erhitzen. Außerdem sollten Sie anfangs gar nicht, später nur wenig salzen und mild würzen. Das gilt ebenso fürs Süßen: Gewöhnen Sie Ihr Kind an natürliche Süße, lassen Sie Zucker soweit wie möglich weg. Honig ist im ersten Jahr tabu. Hartes, Zähes und Trockenes ist ebenfalls nichts für Ihr Kind. Und genug Trinken ist nach dem ersten Brei wichtig! Aber Ihr Kind ist keine Pusteblume: Kleine Ausrutscher kann es verkraften.

## Und wenn es dem Baby nicht schmeckt?

Babys sind süßliche Flüssignahrung gewöhnt: die Muttermilch. Deshalb fällt ihnen die Umstellung auf feste Kost mit dem völlig anderen Mundgefühl zunächst nicht ganz leicht. Instinktiv reagiert ein Baby erst einmal ablehnend auf Neues. Da hilft nur Ausdauer: Bis zu 15-mal muss es ein Essen probieren, bevor es ihm schmeckt. Außerdem spielt Ihr Vorbild eine Rolle: Was die Eltern mit Appetit essen, mögen meist auch die Kinder. Nur nicht aufgeben!

# DER ERSTE BREI

1 kleine Kartoffel (50 g) mit Schale in ca. 15 Min. weich kochen.

100 g Gemüse waschen, putzen und in Stücke schneiden.

Mit 20 g magerem Fleisch oder 20 g Seefisch oder 10 g Haferflocken in wenig Wasser in ca. 5–8 Min. weich kochen.

1 EL Rapsöl

3 EL Apfeldirektsaft

*Kartoffel pellen, mit Gemüse und Fleisch, Fisch oder Flocken pürieren. Saft und Öl unterrühren.*

# FÜNFTER BIS SECHSTER MONAT

Wenn Ihr Baby zwischen Ende des vierten und fünften Monats unterstützt sitzen kann, wird es Zeit für den ersten Brei: Löffel für Löffel erobert es sich ein völlig neues Geschmacksuniversum. Anfangs gibt es nur Gemüsemus. Sobald es mehrere Löffel verputzt, ist es Zeit für den ersten kompletten Brei, der zusätzlich Fisch, Fleisch, Ei oder Getreideflocken als Eiweißkomponenten enthält. Und sättigende Kohlenhydrate zum Beispiel in Form von Kartoffeln. Um Allergien vorzubeugen und mit Fettsäuren zu versorgen, sollte der Brei abwechselnd mit Rapsöl, Butter oder Leinöl zubereitet werden. Im folgenden Kapitel finden Sie viele Breirezepte auf Vorrat – das spart Zeit. Im Kühlschrank hält sich der Brei 2 Tage, tiefgekühlt bis zu 2 Monate.

Als zweiter Brei folgt abends der Milch-Getreide-Brei. Ab Ende des ersten Halbjahrs verträgt Ihr Kind Kuhmilch in begrenzter Menge: Maximal 200 ml pro Tag versorgen es mit wichtigen Eiweißen und Mineralstoffen.

Wichtig: Ihr Kind muss nun zusätzlich trinken – am besten Wasser oder dünnen Kräutertee, das beugt Verstopfung vor. Denn die Breie enthalten weniger Flüssigkeit als Muttermilch oder Säuglingsmilchnahrung.

*Für ca. 10 Eiswürfelfächer • 20 Min. Zubereitung • Insgesamt ca. 20 kcal, 0 g E, 0 g F, 1 g KH*

# SÜSSKARTOFFEL-MUS

ZUM ÜBEN | AB ANFANG 5. MONAT

*250 g Süßkartoffel*

**1** Die Süßkartoffel waschen, schälen und in grobe Würfel schneiden.

**2** Die Süßkartoffelwürfel mit 50 ml Wasser in einem kleinen Topf aufkochen und zugedeckt in ca. 15 Min. weich garen.

**3** Den Topf vom Herd nehmen, die Süßkartoffel pürieren, nach und nach ca. 50 ml Wasser dazugeben, bis der Brei eine cremige, weiche Konsistenz hat. Portionsweise im Eiswürfelbehälter tiefkühlen.

**4** Pro Portion 1–2 gefrorene Breiwürfel in einen kleinen Topf geben und bei kleiner Hitze auftauen, bis der Brei handwarm ist.

*Für ca. 10 Eiswürfelfächer • 30 Min. Zubereitung • Insgesamt ca. 10 kcal, 0 g E, 0 g F, 2 g KH*

# PASTINAKEN-MUS

MILD | AB ANFANG 5. MONAT

*1 Msp. Fenchelsamen • 250 g Pastinaken*

**1** Die Fenchelsamen mit 100 ml kochendem Wasser überbrühen, 5 Min. ziehen lassen, absieben. Inzwischen die Pastinaken waschen, schälen und in grobe Stücke schneiden.

**2** Die Pastinakenwürfel mit der Hälfte des Fenchelwassers in einen Topf geben und aufkochen. Den Deckel auflegen und das Gemüse in ca. 15–20 Min. weich garen.

**3** Den Topf vom Herd nehmen, die Pastinaken pürieren, übriges Fenchelwasser nach und nach dazugeben, bis der Brei eine weiche Konsistenz hat. Portionsweise im Eiswürfelbehälter tiefkühlen.

**4** Pro Portion 1–2 gefrorene Breiwürfel in einen kleinen Topf geben und bei kleiner Hitze auftauen, bis der Brei handwarm ist.

*Für ca. 10 Eiswürfelfächer • 25 Min. Zubereitung • Insgesamt ca. 15 kcal, 0 g E, 1 g F, 2 g KH*

# MÖHREN-KARTOFFEL-BREI

FÜR DEN ÜBERGANG | AB ANFANG 5. MONAT

*150 g Möhren • 100 g Kartoffeln • 1 EL Rapsöl*

**1** Die Möhren und die Kartoffeln waschen, schälen und in gleich große Stücke schneiden.

**2** Möhren und Kartoffeln mit ca. 100 ml Wasser in einem kleinen Topf aufkochen und zugedeckt in ca. 15–20 Min. weich garen.

**3** Das Öl dazugeben und alles zu einem feinen Brei pürieren, nach Bedarf mit etwas abgekochtem Wasser verdünnen. Portionsweise im Eiswürfelbehälter tiefkühlen.

**4** Pro Portion 1–2 gefrorene Breiwürfel in einen kleinen Topf geben und bei kleiner Hitze auftauen, bis der Brei handwarm ist.

*Für ca. 10 Eiswürfelfächer • 20 Min. Zubereitung • Insgesamt ca. 20 kcal, 0 g E, 1 g F, 2 g KH*

# GEMÜSE-GETREIDE-BREI

FÜR DEN ÜBERGANG | AB ANFANG 5. MONAT

*150 g Pastinake • 100 g Fenchel • 1 EL blütenzarte Haferflocken • 1 EL Butter*

**1** Die Pastinake waschen und schälen, den Fenchel waschen, den Strunk keilförmig herausschneiden. Beides in grobe Stücke schneiden. Das Fenchelgrün hacken.

**2** Die Gemüsewürfel mit ca. 100 ml Wasser in einem kleinen Topf aufkochen und zugedeckt in ca. 15 Min. weich garen. Kurz vor Garzeitende Fenchelgrün, Haferflocken und Butter einrühren.

**3** Den Topf vom Herd nehmen, etwas Wasser dazugeben und alles zu einem cremigen, weichen Brei pürieren. Portionsweise im Eiswürfelbehälter tiefkühlen.

**4** Pro Portion 1–2 gefrorene Breiwürfel in einem kleinen Topf bei kleiner Hitze auftauen.

# GEMÜSE-KARTOFFEL-FLEISCH-BREI

FÜR DEN VORRAT | AB ANFANG 5. MONAT

*Für ca. 12 Portionen • 30 Min. Zubereitung • Pro Portion ca. 145 kcal, 5 g E, 9 g F, 11 g KH*

*500 g Kartoffeln*
*200 g mageres Rindfleisch (z. B. für Rouladen oder Tatar)*
*1 kg Möhren*
*300 ml naturtrüber Apfeldirektsaft*
*100 ml Rapsöl*

**1** Die Kartoffeln waschen (Bild 1) und mit Schale in 20–25 Min. in wenig Wasser gar kochen.

**2** Das Rindfleisch in schmale Streifen schneiden (Bild 2). Die Möhren waschen und in Scheiben schneiden.

**3** Die Möhren und das Fleisch mit ca. 250 ml Wasser in einem Topf einmal aufkochen und zugedeckt in 15–20 Min. weich garen (Bild 3).

**4** Die Kartoffeln abgießen und kurz ausdampfen lassen, dann pellen (Bild 4). Durch eine Kartoffelpresse zum Fleischmix drücken oder in Stücke schneiden und dazugeben.

**5** Apfelsaft und Öl zum Möhren-Kartoffel-Fleisch-Mix geben und alles mit dem Pürierstab fein pürieren (Bild 5). Den Brei abkühlen lassen, in 12 Portionen teilen und in Gefrierdosen oder -beuteln tiefkühlen.

GU **CLOU**

Nutzen Sie den Schnellkochtopf: Die Kartoffeln waschen, schälen und im Ganzen mit den unzerteilten Möhren, dem klein geschnittenen Fleisch und Wasser 15 Min. bei Stufe 1 im Schnellkochtopf garen, dann mit dem Pürierstab zerkleinern. Öl und Saft unterrühren.

*Für 5 Portionen • 30 Min. Zubereitung • Pro Portion ca. 175 kcal, 6 g E, 13 g F, 8 g KH*

# ZUCCHINIBREI MIT LACHS

## OMEGA-3-FETTSÄUREN | AB ANFANG 5. MONAT

*250 g Kartoffeln*
*300 g Zucchini*
*100 g Lachsfilet*
*300 g Tomaten*
*5 EL Rapsöl*

**TIPP**
Wenn Ihr Kind empfindlich ist und leicht wund wird, können Sie die Tomaten häuten: Dazu kreuzweise einschneiden, kochend heiß überbrühen, kurz ziehen lassen und dann die Haut abziehen.

**1** Die Kartoffeln waschen und mit der Schale in wenig Wasser in 20–25 Min. gar kochen.

**2** Die Zucchini waschen, putzen und klein schneiden. In einem Topf mit 5 EL Wasser zugedeckt ca. 15 Min. dünsten. Das Lachsfilet abbrausen, trocken tupfen und in Würfel schneiden. Nach 10 Min. zu den Zucchiniwürfeln in den Topf geben.

**3** Die Tomaten vierteln, dabei den Stielansatz herausschneiden. Das Fruchtfleisch würfeln. Die Kartoffeln abgießen und kurz ausdampfen lassen. Dann pellen und durch die Presse drücken.

**4** Tomaten und Öl zum Zucchini-Lachs-Mix geben, aufkochen und fein pürieren. Dann die Kartoffeln unterrühren. Den Brei in 5 Portionen teilen und in Gefrierdosen oder -beuteln tiefkühlen.

*Für 5 Portionen • 25 Min. Zubereitung • Pro Portion ca. 200 kcal, 4 g E, 11 g F, 22 g KH*

# GEMÜSEBREI MIT HIRSE

## VIELE MINERALSTOFFE | AB ANFANG 5. MONAT

*250 g Pastinaken*
*250 g Kartoffeln*
*250 g Brokkoli*
*50 g zarte Hirseflocken*
*150 ml naturtrüber Apfeldirektsaft*
*5 EL Rapsöl*

**TIPP**
Pastinaken helfen den Stuhl weich zu halten: Sie enthalten das prebiotisch wirksame Inulin, das die Darmtätigkeit anregt.

**1** Pastinaken und Kartoffeln waschen, schälen und grob würfeln. Den Brokkoli waschen, putzen und in Röschen teilen, die Stiele in kleine Würfel schneiden.

**2** Pastinaken und Kartoffeln in wenig Wasser in einem Topf zugedeckt bei kleiner Hitze in 12–15 Min. gar kochen. Nach 5 Min. die Brokkoliröschen in einen Dämpfeinsatz darüberstellen und mitgaren.

**3** Die Flocken einrühren und den Brei unter ständigem Rühren aufkochen lassen. Den Brei vom Herd nehmen. Den Apfelsaft und das Öl unterrühren und alles mit dem Pürierstab fein pürieren, dabei nach Bedarf Wasser zufügen. Den Brei in 5 Portionen teilen und in Gefrierdosen oder -beuteln tiefkühlen.

*Für 5 Portionen • 30 Min. Zubereitung •*
*Pro Portion ca. 160 kcal, 7 g E, 10 g F, 10 g KH*

# KOHLRABIBREI MIT HUHN

VITAMIN-C-REICH | AB ANFANG 5. MONAT

*250 g Kartoffeln • 500 g Kohlrabi mit Herzblättern • 100 g Hähnchenbrustfilet • 2 TL gehackte Petersilie (frisch oder TK) • 4 EL naturtrüber Apfeldirektsaft • 4 EL Butter*

**1** Die Kartoffeln waschen und mit Schale in wenig Wasser in 20–25 Min. gar kochen.

**2** Kohlrabi waschen, schälen und in Würfel schneiden. Blättchen hacken. Hähnchenbrust abbrausen, trocken tupfen und in Streifen schneiden. Alles in ca. 50 ml Wasser zugedeckt 15 Min. dünsten. Bei Bedarf Wasser dazugeben.

**3** Die Petersilie, den Apfelsaft und die Butter zum Kohlrabimix geben und alles fein pürieren.

**4** Die Kartoffeln abgießen, kurz ausdampfen lassen und durch eine Kartoffelpresse zum Brei drücken. Den Brei in 5 Portionen tiefkühlen.

*Für 5 Portionen • 30 Min. Zubereitung •*
*Pro Portion ca. 190 kcal, 7 g E, 13 g F, 12 g KH*

# PASTINAKENBREI MIT PUTE

STUHLAUFLOCKERND | AB ANFANG 5. MONAT

*250 g Kartoffeln • 250 g Pastinaken • 100 g Putenbrust • 250 ml sehr dünner Fencheltee • 250 g Salatgurke • 5 EL Rapsöl*

**1** Die Kartoffeln und die Pastinaken waschen, schälen und würfeln. Die Putenbrust abbrausen, trocken tupfen und in dünne Streifen schneiden.

**2** Kartoffel- und Pastinakenwürfel mit dem Fleisch im Fencheltee aufkochen. Zugedeckt bei kleiner Hitze ca. 15 Min. köcheln lassen.

**3** Die Gurke waschen, abtrocknen und längs halbieren. Die Kerne mit einem Löffel entfernen. Das Fruchtfleisch klein schneiden. Gurkenwürfel und Öl zum Brei geben, kurz aufkochen und alles fein, aber nicht zu lange pürieren. Den Brei in 5 Portionen teilen und in Gefrierdosen oder -beuteln tiefkühlen.

*Für 5 Portionen • 30 Min. Zubereitung •*
*Pro Portion ca. 180 kcal, 6 g E, 11 g F, 15 g KH*

# KÜRBIS-KARTOFFEL-BREI MIT RIND

EISENREICH | AB ANFANG 5. MONAT

*250 g Kartoffeln • 250 g Möhren • 250 g Hokkaidokürbis • 100 g Rindfleisch (z. B. für Rouladen oder Tatar) • 75 ml Orangensaft • 5 EL Rapsöl*

**1** Die Kartoffeln waschen und mit Schale in 20–25 Min. gar kochen.

**2** Möhren waschen, schälen und klein schneiden. Kürbis waschen, von Fasern und Kernen befreien, ebenfalls klein schneiden. Das Fleisch klein würfeln. Gemüse und Fleisch mit wenig Wasser zugedeckt ca. 15 Min. leise köcheln lassen, bis der Kürbis zerfallen ist.

**3** Die Kartoffeln abgießen, kurz ausdampfen lassen, pellen und durch die Presse drücken.

**4** Orangensaft und Öl zum Fleischmix geben und alles mit dem Pürierstab fein pürieren. Die Kartoffeln unterrühren. Portionsweise tiefkühlen.

*Für 5 Portionen • 30 Min. Zubereitung •*
*Pro Portion ca. 200 kcal, 5 g E, 13 g F, 15 g KH*

# BROKKOLI-HAFER-BREI

ABWEHRSTÄRKEND | AB ANFANG 5. MONAT

*500 g Brokkoli • 250 g Kartoffeln • 50 g blütenzarte Haferflocken • 75 ml naturtrüber Apfeldirektsaft • 5 EL Butter*

**1** Den Brokkoli waschen, putzen und in Röschen teilen, die Stiele schälen und in kleine Würfel schneiden. Die Kartoffeln waschen, schälen und ebenfalls klein würfeln.

**2** 250 ml Wasser in einem kleinen Topf erhitzen, Brokkolistiele und Kartoffeln darin zugedeckt in 15 Min. weich kochen. Röschen nach 10 Min. dazugeben.

**3** Die Haferflocken einrühren und den Brei noch einmal aufkochen. Vom Herd nehmen, Saft und Butter einrühren und alles zusammen cremig pürieren. Den Brei in 5 Portionen teilen und in Gefrierdosen oder -beuteln tiefkühlen.

*Für 3 Baby- und 2 Erwachsenenportionen • 50 Min. Zubereitung •*
*Pro Babyportion ca. 110 kcal, 6 g E, 5 g F, 11 g KH*

# HÜHNERSUPPENTOPF

## FÜR DEN VORRAT | AB ANFANG 5. MONAT

*1 Hähnchen (ca. 1 kg)*
*1 Zwiebel*
*1 Knoblauchzehe*
*500 g Kartoffeln*
*500 g Möhren*
*10 Stangen Staudensellerie (500 g)*
*3 EL Tomatenmark*
*3 EL Rapsöl*
*3 EL naturtrüber Apfeldirektsaft*
*Salz, Pfeffer*
*2 EL Pesto*

**1** Das Hähnchen abbrausen, trocken tupfen und in 8 Stücke teilen. Zwiebel und Knoblauch schälen und hacken. Kartoffeln und Möhren waschen und schälen, Staudensellerie waschen, Grün beiseitelegen. Kartoffeln in Spalten, Möhren und Sellerie in ½ cm dicke Scheiben schneiden.

**2** Die Hähnchenstücke mit dem Tomatenmark in 2 EL Öl anschmoren. Zwiebeln und Knoblauch hinzufügen. 1 l Wasser angießen. Kartoffeln dazugeben, aufkochen, nach 5 Min. die Möhren, nach weiteren 5 Min. den Sellerie dazugeben. Alles in weiteren 10 Min. zugedeckt gar kochen.

**3** Selleriegrün hacken. Fürs Baby ein Drittel von Gemüse und Kartoffeln sowie 150 g Hähnchenfleisch entnehmen. Mit etwas Grün, übrigem Öl und Saft pürieren, in 3 Portionen teilen, tiefkühlen. Übrigen Eintopf mit Salz, Pfeffer, Pesto und gehacktem Grün abrunden.

*Für 1 Baby- und 1 Erwachsenenportion • 35 Min. Zubereitung •*
*Pro Babyportion ca. 190 kcal, 10 g E, 9 g F, 18 g KH*

# SPINAT-FISCH-PASTA

## GUTE FETTE | AB ANFANG 5. MONAT

*100 g Vollkornnudeln*
*400 g Blattspinat*
*100 g festes Fischfilet (z. B. Seelachs, Kabeljau, Scholle)*
*2 EL Butter*
*3 EL naturtrüber Apfeldirektsaft*
*50 g Kräuterfrischkäse*
*Salz, Pfeffer*
*frisch geriebene Muskatnuss*

**1** Nudeln nach Packungsangabe, aber ohne Salz bissfest kochen. Abgießen, Nudelwasser dabei auffangen und beiseitestellen.

**2** Den Spinat waschen, verlesen und grob hacken. Das Fischfilet abbrausen, trocken tupfen und in 2 cm große Würfel schneiden. Die Butter in einer Pfanne erhitzen, Spinat dazugeben und zugedeckt zusammenfallen lassen. 50 ml Nudelwasser angießen, den Fisch auf den Spinat legen, Deckel auflegen und 3–4 Min. bei kleiner Hitze gar ziehen lassen.

**3** Für das Baby je ein Viertel von Nudeln, Spinat und Fisch mit dem Saft und nach Belieben etwas Nudelwasser pürieren.

**4** Für den Erwachsenen den Frischkäse unter den Spinat rühren, mit Salz, Pfeffer und geriebener Muskatnuss kräftig würzen und zusammen mit den Nudeln servieren.

*Für 1 Portion • 10 Min. Zubereitung • Pro Portion ca. 230 kcal, 10 g E, 9 g F, 10 g KH*

# MILCH-GETREIDE-BREI

GRUNDREZEPT ABENDBREI | AB ANFANG 6. MONAT

*200 ml Vollmilch*
*25 g Hafer- oder Hirseflocken*
*2 EL Fruchtpüree (aus dem Glas oder selbst gemacht)*

**GU CLOU**

Nach 4–6 Wochen hat Ihr Baby sich an den Mittagsbrei gewöhnt und verputzt schon eine volle Portion. Jetzt ist es Zeit für den nächsten Brei. Er wird meist abends gegeben und enthält 200 ml Milch, die Ihr Baby nun verträgt. Das enthaltene Milchfett scheint Allergien vorzubeugen. Verwenden Sie deshalb Vollmilch. Auch der Milchzucker ist unproblematisch: Muttermilch enthält davon viel mehr als Kuhmilch. Damit die tägliche Eiweißportion nicht zu hoch wird, aber nicht mehr als 200 ml geben!

**1** Die Milch in einem kleinen Topf erwärmen. Die Getreideflocken mit einem Schneebesen einrühren.

**2** Die Mischung zum Kochen bringen, dabei ständig mit dem Schneebesen rühren. Je nach Flocken bei kleiner Hitze 1–2 Min. köcheln lassen.

**3** Den Topf vom Herd nehmen, das Fruchtpüree unter den Brei rühren. Den Brei auf Handwärme abkühlen und noch 1–2 Min. quellen lassen.

*Für 1 Portion • 15 Min. Zubereitung •*
*Pro Portion ca. 215 kcal, 10 g E, 8 g F, 26 g KH*

# MÖHREN-DINKEL-BREI

HERZHAFT | AB ANFANG 6. MONAT

*100 g junge Möhren • 200 ml Vollmilch • 20 g Dinkelgrieß*

**1** Die Möhren waschen, schälen und raspeln. Milch und Möhrenraspel in einem kleinen Topf zum Kochen bringen.

**2** Den Dinkelgrieß einrühren und unter Rühren bei kleiner Hitze 5 Min. köcheln lassen. Noch 2–3 Min. quellen lassen, dann mit dem Pürierstab fein pürieren.

**TAUSCH-TIPP**
Statt Dinkel können Sie auch Weizengrieß oder Polenta verwenden. Statt Möhren passen auch Süßkartoffel oder Kürbis. Als Trinkbrei 4 TL Möhrensaft statt Möhren nehmen. Schneller geht es mit Möhrenmus aus dem Glas.

*Für 1 Portion • 15 Min. Zubereitung •*
*Pro Portion ca. 255 kcal, 10 g E, 8 g F, 34 g KH*

# BEEREN-GETREIDE-BREI

STUHLAUFLOCKERND | AB ANFANG 6. MONAT

*200 ml Vollmilch • 20 g Baby-Vollkorn-Flocken • 80 g Himbeeren oder Erdbeeren*

**1** Die Milch in einem kleinen Topf erwärmen, die Flocken mit einem Schneebesen einrühren. Einmal aufkochen, dann 1–2 Min. (nach Packungsangabe) bei kleiner Hitze unter Rühren köcheln lassen.

**2** Die Beeren fein pürieren. Das Püree durch ein feines Sieb streichen, um die Kernchen zu entfernen. Das Beerenmus unter den Milchbrei rühren.

**TIPP**
Für ältere Babys reicht es, die Beeren zu zerdrücken. Schmeckt auch mit Pfirsich- oder Mangomus oder einer Obstmischung.

*Für 1 Portion • 10 Min. Zubereitung •*
*Pro Portion ca. 210 kcal, 9 g E, 8 g F, 23 g KH*

# TRINKBREI MIT BIRNE

MILD |
AB ANFANG 6. MONAT

*200 ml Vollmilch • 20 g Baby-Mehrkorn-Flocken •*
*2 EL Birnensaft*

**1** Die Milch in einem kleinen Topf erwärmen. Die Flocken mit einem Schneebesen einrühren. Einmal aufkochen und bei kleiner Hitze unter Rühren ca. 2 Min. (auf Packungsangabe achten) köcheln lassen.

**2** Den Saft dazugeben und den Brei in eine Flasche mit Breisauger füllen.

**TIPP**
Der Brei lässt sich auch zum Löffeln zubereiten: 2 Min. nachquellen lassen und statt Birnensaft geschälte, geraspelte Birne kurz mitkochen.

*Für 1 Portion • 10 Min. Zubereitung •*
*Pro Portion ca. 215 kcal, 9 g E, 8 g F, 27 g KH*

# APFEL-GRIESS-BREI

ABWEHRSTÄRKEND |
AB ANFANG 6. MONAT

*200 ml Vollmilch • 20 g Vollkorngrieß •*
*50 g Apfel*

**1** Die Milch in einem kleinen Topf erwärmen. Den Grieß mit einem Schneebesen einrühren. Einmal aufkochen lassen und bei kleiner Hitze 3 Min. unter Rühren köcheln lassen.

**2** Den Apfel waschen, trocken reiben, samt Schale fein raspeln und unter den Brei rühren.

**TAUSCH-TIPP**
Sie können auch anderes Obst der Saison verwenden. Ist es etwas säuerlich, kombinieren Sie es mit reifer Banane. Für die Flasche statt Apfel 4 TL naturtrüben Apfeldirektsaft nehmen.

# SIEBTER BIS ACHTER MONAT

Sie können nun den dritten Brei einführen, der aus Getreide, Obst, Wasser und etwas Fett besteht. Weil er so einfach ist, sollten Sie ihn unbedingt frisch zubereiten! Wechseln Sie ab zwischen weichem, rohem Obst wie Pfirsich, Melone, Mango oder Beeren und gedünstetem Mus aus Apfel oder Birne.

Mittags wächst die Vielfalt: Der Brei kann schon etwas stückiger sein, die Portionen werden größer. Kochen Sie gleichzeitig für sich und Ihr Baby – und würzen Sie Ihre Portion später nach. Nach wie vor trinkt Ihr Baby morgens und manchmal auch noch nachts Muttermilch beziehungsweise Säuglingsmilchnahrung.

Wenn Ihr Kind selber essen will, geben Sie ihm gesundes Fingerfood – zum Beispiel nachmittags ergänzend zum Brei. Das klappt gut mit kleinen Brotstreifen und weichem Obst. Es sollte nicht so hart und groß sein, dass es sich daran verschlucken kann.

*Für 1 Portion • 10 Min. Zubereitung • Pro Portion ca. 195 kcal, 3 g E, 10 g F, 21 g KH*

# GETREIDE-OBST-BREI

EINFACH | AB ANFANG 7. MONAT

*20 g blütenzarte Haferflocken*
*100 g Apfel*
*1 TL Butter*

GU
**CLOU**

Achten Sie darauf, dass Ihr Kind schon am Ende des ersten Halbjahres glutenhaltiges Getreide bekommt – kleine Mengen reichen, um Zöliakie vorzubeugen. Später kann dieser Brei wie ein Müsli morgens die Trinkmahlzeit ergänzen. Der Mix aus Obst, Getreide und Fett ist wichtig, sonst ist der Kaloriengehalt des Breis zu niedrig, und Ihr Baby ist schnell wieder hungrig. Messen Sie die Butter bzw. das Öl mit einem Teelöffel ab, auf den 8–10 g passen.

**1** 125 ml Wasser in einem kleinen Topf erwärmen. Die Haferflocken mit einem Schneebesen einrühren. Die Mischung zum Kochen bringen und bei kleiner Hitze 1–2 Min. unter Rühren köcheln lassen, dann den Topf vom Herd nehmen.

**2** Den Apfel waschen, trocken reiben, vierteln und das Kerngehäuse entfernen. Die Apfelspalten in kleinen Stücken direkt in den Topf schneiden.

**3** Die Butter dazugeben und alles mit dem Pürierstab fein pürieren.

*Für 10 Portionen • 10 Min. Zubereitung • Pro Portion ca. 60 kcal, 1 g E, 0 g F, 13 g KH*

# OBST-KOMPOTT-MIX

## FÜR DEN VORRAT | AB ANFANG 7. MONAT

*500 g milde Äpfel (z. B. Cox Orange, Jonagold)*
*2 getrocknete Feigen*
*300 g Birnen*
*200 g Banane*

**TIPP**
Im Herbst können Pflaumen oder Mirabellen die Äpfel ersetzen oder ergänzen: Sie sollten wie die Äpfel kurz gekocht werden.

**1** Äpfel waschen, trocken reiben und vierteln. Dabei das Kerngehäuse entfernen. Die Viertel mit der Schale klein schneiden. Die Feigen in kleine Stücke schneiden. Obst und Feigen mit ca. 50 ml Wasser aufkochen und bei kleiner Hitze 5–7 Min. zugedeckt weich garen.

**2** Inzwischen die Birnen waschen, trocken reiben, vierteln und das Kerngehäuse entfernen. Nach Belieben schälen und in kleine Stücke schneiden. Die Banane ebenfalls klein schneiden.

**3** Das rohe Obst zum Apfelkompott geben, alles fein pürieren. In einen Eiswürfelbehälter füllen, tiefkühlen. Die gefrorenen Würfel in Gefrierdosen oder -beutel umfüllen.

**4** Für den Getreide-Obst-Brei die Getreideflocken mit etwas weniger Wasser aufkochen und ca. 100 g Obstmus dazugeben. Für den Milchbrei nur 1 Würfel Obstbrei nach dem Kochen dazugeben.

*Für 10 Portionen • 10 Min. Zubereitung • Pro Portion ca. 35 kcal, 1 g E, 0 g F, 9 g KH*

# ROHER OBST-MIX

FÜR DEN VORRAT | AB ANFANG 7. MONAT

*300 g Beeren (z. B. Erdbeeren, Himbeeren, Heidelbeeren)*
*200 g Pfirsich oder Nektarine*
*500 g Melonenfruchtfleisch (z. B. Charentais)*

**TAUSCH-TIPP**
Ideal ist ein Mix aus säuerlichem Obst wie Erd- oder Himbeeren und milden Sorten wie Melone. Die höchste Nährwertdichte haben Beeren. Heidelbeeren wirken eher stopfend, Himbeeren verdauungsanregend.

**1** Die Beeren abbrausen, trocken tupfen, je nach Sorte klein schneiden. Pfirsich oder Nektarine gründlich waschen und trocken reiben. Vom Kern schneiden und zu den Beeren geben. Melone in grobe Stücke schneiden.

**2** Das Obst mit einem Pürierstab fein pürieren, in einen Eiswürfelbehälter füllen und tiefkühlen. Die gefrorenen Würfel in Gefrierdosen oder -beutel umfüllen.

**3** Für den Getreide-Obst-Brei das Getreide mit etwas weniger Wasser aufkochen, ca. 100 g Obstmus dazugeben. Für den Milchbrei nur 1 Würfel Obstbrei nach dem Kochen dazugeben.

*Für 1 Baby- und 1 Erwachsenenportion • 30 Min. Zubereitung •*
*Pro Babyportion ca. 205 kcal, 8 g E, 12 g F, 16 g KH*

# GEMÜSENOCKERL MIT SPINAT

KALZIUMREICH | AB ANFANG 8. MONAT

*250 g gehackter TK-Spinat*
*100 g gekochtes Gemüse (z. B. Steckrüben, Möhren, Kürbis, Blumenkohl)*
*40 g Weizen- oder Dinkelmehl (Type 1050)*
*40 g Vollkorn-Grieß*
*1 Ei*
*20 g geriebener Parmesan*
*2 EL Rapsöl*
*50 g Sahne*
*Salz, Pfeffer*
*frisch geriebene Muskatnuss*

**1** Den Spinat auftauen lassen. Inzwischen das Gemüse fein pürieren. Mit Mehl, Grieß, dem Ei und Parmesan mischen. Die Masse 10 Min. quellen lassen.

**2** Das Öl in einem Topf erhitzen, den Spinat dazugeben und heiß werden lassen. Für das Baby ein Viertel abnehmen. Den Rest mit der Sahne ablöschen.

**3** Für die Gemüsenockerl in einem Topf Wasser zum Kochen bringen. Mit zwei angefeuchteten Esslöffeln kleine Nockerl abstechen (ergibt ca. 8 Stück) und im sprudelnden Wasser ca. 2 Min. ohne Deckel ziehen lassen, bis sie oben schwimmen.

**4** Für das Baby 2 Nockerl klein schneiden und zum Babyspinat geben. Für den Erwachsenen den Spinatrahm mit Salz, Pfeffer und Muskatnuss kräftig würzen und mit den Nockerln anrichten.

*Für 1 Baby- und 1 Erwachsenenportion • 40 Min. Zubereitung •*
*Pro Babyportion ca. 235 kcal, 7 g E, 13 g F, 22 g KH*

# GRÜNKERNBREI & PUFFER

EIWEISSREICH | AB ANFANG 8. MONAT

*1 Bund Suppengrün (Möhren, Sellerie, Lauch)*
*1 Ei*
*200 g Magerquark*
*3 EL Orangensaft*
*Salz, Pfeffer*
*mildes Currypulver*
*100 g Grünkernschrot*
*3 EL Rapsöl*
*2 EL Mehl (Type 1050)*

**1** Das Gemüse waschen, putzen und grob zerteilen. Die Hälfte der Möhren beiseitelegen, übriges Gemüse im Blitzhacker zerkleinern. Das Ei verquirlen.

**2** Übrige Möhren raspeln, mit Quark und 1–2 EL Orangensaft verrühren, mit Salz, Pfeffer und Currypulver abschmecken.

**3** Grünkernschrot mit 250 ml Wasser aufkochen, 15 Min. köcheln lassen. In den letzten 5 Min. das gehackte Gemüse mitgaren. Drei Viertel beiseitestellen. Für das Baby das übrige Viertel mit 2 EL flüssigem Ei aufkochen und mit je 1 EL Orangensaft und Öl pürieren.

**4** Für den Erwachsenen übriges Ei und Mehl unter den Grünkern-Gemüse-Mix rühren, salzen und pfeffern. Aus der Masse Bratlinge formen. Das restliche Öl erhitzen und die Bratlinge darin von beiden Seiten in 8–10 Min. braun braten. Mit dem Möhren-Zaziki servieren.

*Für 3 Baby- und 2 Erwachsenenportionen • 50 Min. Zubereitung •*
*Pro Babyportion ca. 175 kcal, 3 g E, 11 g F, 17 g KH*

# RINDER-GEMÜSE-CURRY

EISENREICH | AB 7. MONAT

*600 g Kartoffeln*
*400 g Pastinaken*
*400 g Hokkaidokürbis*
*300 g Rinderouladen*
*5 EL Rapsöl*
*2 TL mildes Currypulver*
*1 Bd. Koriander*
*3 EL Orangensaft*
*Salz, Pfeffer*
*Ingwerpulver*
*100 g Schmand*

**1** Das Gemüse waschen. Kartoffeln und Pastinaken schälen. Vom Kürbis Kerne und Fasern entfernen. Alles in Würfel schneiden.

**2** Rindsrouladen in schmale Streifen schneiden. In einem Topf 2 EL Öl erhitzen, das Fleisch darin anbraten und zugedeckt 5 Min. schmoren. Kartoffelwürfel dazugeben, mit Currypulver bestäuben und 5 Min. weiterbraten. Pastinaken und Kürbis dazugeben.

**3** 500 ml Wasser angießen und 15–20 Min zugedeckt schmoren, bis alles weich ist. Koriander waschen, trocken schütteln und hacken.

**4** Für das Baby ein Drittel vom Gemüse und 50 g Fleisch abnehmen. Mit übrigem Öl und Saft pürieren, nach Belieben Brühe oder Wasser dazugeben. In 3 Portionen tiefkühlen. Für die Erwachsenen mit Salz, Pfeffer, Ingwer- und Currypulver abschmecken und mit Schmand abrunden. Dazu schmeckt Reis.

*Für 3 Baby- und 2 Erwachsenenportionen • 30 Min. Zubereitung •*
*Pro Babyportion ca. 210 kcal, 10 g E, 11 g F, 17 g KH*

# PUTEN-GESCHNETZELTES

AUF VORRAT | AB ANFANG 8. MONAT

*1 kleiner Chinakohl (ca. 700 g)*
*200 g Zuckerschoten*
*200 g Putenbrustfilet*
*½ Bio-Orange*
*4 EL Rapsöl*
*200 g Vollkornnudeln*
*Salz, Pfeffer*
*80 g Kräuterfrischkäse*

**TIPP**
Statt Nudeln passen auch Graupen, Bulgur, Couscous oder Kartoffeln.

**1** Gemüse waschen. Chinakohl in feine Streifen schneiden. Von den Zuckerschoten die Enden abknipsen, Schoten schräg halbieren. Das Putenfleisch abbrausen, trocken tupfen, in Streifen schneiden. Orangenschale abreiben und Saft auspressen.

**2** Das Putenfleisch in 1 EL Öl rundherum anbraten, Chinakohl und Zuckerschoten hinzufügen und zugedeckt ca. 5 Min. dünsten. Die Nudeln in kochendem Wasser nach Packungsangabe bissfest garen.

**3** Für das Baby ein Drittel vom Gemüse-Fleisch-Mix und ein Drittel von den Nudeln abnehmen. Mit 3 EL Orangensaft und übrigem Öl pürieren, evtl. noch Wasser dazugeben. In 3 Portionen tiefkühlen.

**4** Für die Erwachsenen das Geschnetzelte mit Salz, Pfeffer, Orangenschale und -saft sowie Frischkäse würzig abschmecken. Nudeln untermischen und servieren.

*Für 3 Baby- und 2 Erwachsenenportionen • 50 Min. Zubereitung •*
*Pro Babyportion ca. 220 kcal, 8 g E, 3 g F, 38 g KH*

# OFENGEMÜSE MIT LINSEN-HUMMUS

FINGERFOOD | AB 8. MONAT

*600 g Kartoffeln*
*400 g Süßkartoffeln*
*400 g kleine Zucchini*
*4 EL Rapsöl*
*2 EL gehackter Rosmarin*
*60 g rote Linsen*
*3 EL Zitronensaft*
*2 EL Tahin (Sesampaste)*
*Salz, Pfeffer*
*gemahlener Kreuzkümmel*

**1** Backofen auf 200° vorheizen. Kartoffel und Süßkartoffeln waschen, schälen und in Spalten schneiden. Zucchini waschen, Enden abschneiden, längs durchschneiden und in der Mitte halbieren, beiseitelegen.

**2** Kartoffeln und Süßkartoffeln mit 2 EL Öl und Rosmarin mischen. Beides auf einem mit Backpapier ausgelegten Blech verteilen und im heißen Ofen (Mitte) in 25–30 Min. weich garen. Zucchini 15 Min. später dazugeben.

**3** Inzwischen Linsen mit ca. 250 ml Wasser ca. 20 Min. kochen. Den Zitronensaft, übriges Öl und Tahin zu den gegarten Linsen geben und cremig pürieren.

**4** Dem Baby Kartoffeln und Gemüse mit etwas Hummus als Fingerfood anbieten. Für eine Breivariante 2 EL Hummus mit ca. einem Fünftel vom Kartoffel-Gemüse-Mix zu Brei pürieren, dabei nach Bedarf Wasser dazugeben. Den Rest portionsweise einfrieren.

**5** Für die Erwachsenen den Kartoffel-Gemüse-Mix mit Salz und Pfeffer würzen. Den Hummus mit Kreuzkümmel und Salz abschmecken.

*Für ca. 10 Stück • 25 Min. Zubereitung •*
*Pro Stück ca. 10 kcal, 0 g E, 1 g F, 1 g KH*

# ORANGENMÖHREN

KAROTINREICH | AB 8. MONAT

*200 g Möhren • 1 EL Orangensaft • 1 TL Öl • 1 Msp. edelsüßes Paprikapulver*

**1** Den Backofen auf 200° vorheizen. Die Möhren waschen, putzen, je nach Länge halbieren und je nach Breite halbieren oder vierteln.

**2** Möhren auf einem Blech verteilen, Orangensaft und Öl darüberträufeln, mit Paprikapulver würzen. Für ca. 20 Min. im heißen Ofen (Mitte) garen, bis sie bissfest sind. Schmecken warm und kalt.

TIPP

Funktioniert auch mit Kürbis- oder Pastinakenspalten oder mit Paprikastreifen.

*Für ca. 24 Stück • 45 Min. Zubereitung •*
*Pro Stück ca. 40 kcal, 2 g E, 3 g F, 3 g KH*

# LINSENFALAFEL

BALLASTSTOFFREICH | AB 8. MONAT

*100 g rote Linsen • 1 Ei • 2 EL Tomatenmark • ½ TL gemahlene Kurkuma • ½ TL gemahlener Koriander • 60 g gemahlene Mandeln • 2 EL Rapsöl*

**1** Linsen mit 250 ml Wasser aufkochen und zugedeckt ca. 15 Min. weich garen. Dabei hin und wieder umrühren. Abkühlen lassen.

**2** Ei, Tomatenmark, Kurkuma und Koriander dazugeben und pürieren. Nach und nach Mandeln untermischen, sodass eine formbare, aber weiche Masse entsteht.

**3** Das Öl in einer Pfanne erhitzen, den Teig in kleinen Portionen hineinsetzen und von beiden Seiten ca. 4 Min. braten. Abkühlen lassen. Bleiben im Kühlschrank ca. 1 Woche frisch.

*Für ca. 15 Stück • 15 Min. Zubereitung •
Pro Stück ca. 55 kcal, 2 g E, 2 g F, 6 g KH*

# MÜSLIBÄLLCHEN

BALLASTSTOFFREICH | AB 7. MONAT

*½ Banane • 100 g Heidelbeeren (frisch oder TK) • 1 Ei • 80 g Pop-Amarant • 5 EL blütenzarte Haferflocken • 2 EL Sesam • ½ TL gemahlene Vanille • 2 EL gemahlene Nüsse*

**1** Backofen auf 180° vorheizen. Banane schälen und mit den Heidelbeeren pürieren. Dann mit Ei, Amarant, Haferflocken und Sesam mischen, mit Vanillepulver würzen. Nüsse nach und nach dazugeben, bis ein formbarer Teig entsteht.

**2** Den Teig mit einem Eisportionierer in 15 Häufchen auf einem mit Backpapier ausgelegten Backblech verteilen und ca. 20 Min. backen. Die Müslibällchen bleiben gekühlt ca. 5 Tage frisch.

*Für ca. 10 Stück • 15 Min. Zubereitung •
Pro Stück ca. 30 kcal, 1 g E, 1 g F, 6 g KH*

# DOPPELDECKER

KAROTINREICH | AB 7. MONAT

*1 schmale, lange Süßkartoffel (ca. 200 g) • 1 EL Cashewmus • 3 Soft-Datteln ohne Stein*

**1** Die Süßkartoffel waschen und schälen, quer in ½ cm dünne Scheiben schneiden. In einer beschichteten Pfanne mit 1–2 EL Wasser zugedeckt garen, zwischendurch wenden.

**2** Das Cashewmus mit den Datteln im Blitzhacker fein pürieren.

**3** Süßkartoffeln mit der Dattelcreme zusammensetzen. Die Doppeldecker bleiben im Kühlschrank 2–3 Tage frisch.

# NEUNTER BIS ZEHNTER MONAT

Ihr Baby hat sich an feste Kost gewöhnt und braucht nur noch morgens und manchmal spätabends eine Still- oder Flaschenmahlzeit.

Es verträgt jetzt eigentlich alles – nur mit Salz sollten Sie zurückhaltend sein. Auch Milchprodukte sollte es über den Milchbrei hinaus noch nicht bekommen. Sein Hunger wächst und es bewältigt auch stückigere Mahlzeiten. Wichtig: Vergessen Sie das Trinken nicht als Ergänzung zur festen Beikost!

Versuchen Sie gemeinsam mit Ihrem Kind zu essen und einen Rhythmus für die Familienmahlzeiten zu finden. Quetschies und Laugenbrezeln unterwegs ersetzen keine Mahlzeit, sondern sind eine Notlösung. Jetzt sind die meisten Kinder neugierig und offen für neue Geschmäcker: Nutzen Sie diese Phase!

*Für 1 Baby- und 1 Erwachsenenportion • 35 Min. Zubereitung •*
*Pro Babyportion ca. 210 kcal, 6 g E, 15 g F, 14 g KH*

# STAMPFKARTOFFELN MIT ENTE

EISENREICH | AB ANFANG 9. MONAT

*150 g Entenbrust*
*250 g Kartoffeln*
*250 g Hokkaidokürbis*
*3 TL Butter*
*Salz*
*5-Gewürze-Pulver*
*2 EL Orangensaft*
*1 EL Schmand*
*frisch geriebene Muskatnuss*

**1** Die Haut der Entenbrust kreuzweise einschneiden. Ca. 20 g Fleisch ohne Haut abschneiden. Kartoffeln und Kürbis waschen. Kartoffeln schälen, Kürbis entkernen, beides würfeln. In einem Topf das kleine Entenstück in 2 TL Butter andünsten, das Gemüse dazugeben, 200 ml Wasser angießen und zugedeckt 15–20 Min. garen. Fleisch entnehmen, Gemüse zerstampfen.

**2** Übrige Entenbrust mit Salz und 5-Gewürze-Pulver einreiben, zugedeckt in 10 Min. auf der Hautseite knusprig braun braten, wenden und bei kleiner Hitze ca. 5 Min. weiterbraten. In Alufolie wickeln.

**3** Für das Baby das kleine Stück Entenfleisch fein hacken. Ein Drittel des Kartoffel-Kürbis-Breis dazugeben, mit übriger Butter und Orangensaft mischen. Für den Erwachsenen den Stampf erhitzen, mit Schmand, Salz und Muskatnuss abschmecken. Die Entenbrust in Scheiben schneiden, mit den Stampfkartoffeln anrichten.

*Für 1 Baby- und 1 Erwachsenenportion • 20 Min. Zubereitung •*
*Pro Babyportion ca. 235 kcal, 12 g E, 11 g F, 19 g KH*

# ZUCCHINI-LACHS-TOPF MIT BULGUR

GUTE FETTE | AB ANFANG 9. MONAT

*200 ml salzarme Gemüsebrühe*
*100 g Bulgur*
*300 g Zucchini*
*150 g Lachsfilet*
*½ Bio-Zitrone*
*1 EL Rapsöl*
*50 g Schmand*
*Sojasauce*
*Pfeffer*
*Currypaste*

**1** Gemüsebrühe in einem Topf aufkochen. Bulgur unter Rühren einrieseln lassen und bei kleiner Hitze zugedeckt ca. 15 Min. nach Packungsangabe quellen lassen.

**2** Inzwischen Zucchini waschen, längs vierteln, dann in fingerdicke Scheiben schneiden. Lachsfilet in 2 cm breite Würfel schneiden. Zitrone heiß abwaschen, die Schale abreiben und den Saft auspressen.

**3** Öl in einer beschichteten Pfanne erhitzen, Zucchini dazugeben und rundherum andünsten, bis sie Farbe annehmen. Schmand, Zitronenschale und 2 EL Saft zu den Zucchini geben. Lachswürfel darauf verteilen. Den Deckel auflegen und 3–4 Min gar ziehen lassen.

**4** Für das Baby ein Viertel von Zucchini und Lachs abnehmen, mit einem Viertel vom Bulgur und 2–3 EL Sud pürieren. Übrige Gemüse-Fisch-Pfanne mit Sojasauce, Peffer und Currypaste würzen.

*Für 2 Baby- und 4 Erwachsenenportionen • 40 Min. Zubereitung •*
*Pro Babyportion ca. 215 kcal, 9 g E, 6 g F, 31 g KH*

# GEMÜSEBOLOGNESE

## FÜR DEN VORRAT | AB ANFANG 10. MONAT

*1 Zwiebel*
*200 g Möhren*
*200 g Petersilienwurzeln*
*2 EL Rapsöl*
*200 g Rinderhackfleisch*
*100 g rote Linsen*
*1 kg passierte Tomaten*
*Salz, Pfeffer*
*½ TL gemahlener Kreuzkümmel*

**1** Die Zwiebel schälen und fein hacken. Das Gemüse waschen, schälen und grob raspeln. Das Öl in einer tiefen Pfanne erhitzen und erst die Zwiebeln darin andünsten, dann das Hackfleisch dazugeben und krümelig braun braten. Gemüse unter Rühren mitrösten.

**2** 200 ml Wasser und die Linsen dazugeben, Deckel auflegen und alles ca. 20–25 Min. garen. Nach 10 Min. die Tomaten dazugeben. Inzwischen nach Belieben eine Wunschbeilage, z. B. Nudeln oder Reis, nach Packungsangabe zubereiten.

**3** Für die Babyportionen ein Fünftel der Sauce abnehmen und mit 80 g gegarten Nudeln oder Reis zerkleinern. In zwei Portionen aufteilen. Für die Erwachsenen die Sauce mit Salz, Pfeffer und Kreuzkümmel würzen und mit der gewünschten Beilage servieren.

*Für 2 Baby- und 4 Erwachsenenportionen • 30 Min. Zubereitung •*
*Pro Babyportion ca. 280 kcal, 9 g E, 11 g F, 2 g KH*

# GEMÜSEBÉCHAMEL

FÜR DEN VORRAT | AB ANFANG 10. MONAT

*1 Stange Lauch*
*300 g Brokkoli*
*300 g Fenchel*
*30 g Butter*
*30 g Mehl (Type 1050)*
*600 ml salzarme Gemüsebrühe*
*100 g Tahin (Sesampaste)*
*150 g Frischkäse*
*½ Bio-Zitrone*
*Salz, Pfeffer*
*frisch geriebene Muskatnuss*

**1** Den Lauch putzen, längs halbieren, gründlich waschen und in dünne Ringe schneiden. Übriges Gemüse ebenfalls waschen. Brokkoliröschen abschneiden, Stiele in dünne Scheiben schneiden. Fenchel längs halbieren, Strunk entfernen und den Fenchel in dünne Scheiben schneiden. Blättchen hacken und beiseitelegen.

**2** Die Butter zerlassen und das Gemüse bis auf die Röschen darin 2–3 Min. andünsten. Mit Mehl bestäuben, Brühe angießen, zugedeckt in 10–15 Min. weich kochen. Tahin, Frischkäse und Brokkoliröschen dazugeben, aufkochen lassen. Zitronenschale abreiben, Saft auspressen. Schale, Fenchelgrün und 1 EL Zitronensaft dazugeben.

**3** Für die Babyportionen ein Fünftel der Sauce abnehmen und mit 80 g gegarten Nudeln oder Reis zerkleinern. In zwei Portionen aufteilen. Für die Erwachsenen die Sauce kräftig mit Salz, Pfeffer und Muskat würzen und mit Wunschbeilage servieren.

*Für 1 Baby- und 1 Erwachsenenportion •*
*30 Min. Zubereitung •*
*Pro Babyportion ca. 240 kcal, 9 g E, 9 g F, 29 g KH*

# KONFETTIREIS

MIT FOLSÄURE | AB ANFANG 10. MONAT

*200 g Möhren • 1 Kohlrabi mit Grün • 150 g parboiled Vollkornreis • 2 EL Rapsöl • 25 g Mandeln • 100 g Erbsen (frisch oder TK) • 100 g Kräuterfrischkäse • Salz, Pfeffer*

**1** Das Gemüse waschen, wenn nötig schälen und in ca. 1 cm große Würfel schneiden. Kohlrabiblättchen hacken.

**2** Gemüsewürfel mit Reis im Öl andünsten, mit 300 ml Wasser angießen, aufkochen und zugedeckt bei kleiner Hitze 15 Min. garen.

**3** Mandeln hacken und in einer Pfanne ohne Fett rösten. Kohlrabiblättchen, Mandeln, Erbsen und Frischkäse unterziehen, alles nochmals aufkochen.

**4** Für das Baby ca. ein Fünftel beiseitestellen. Für den Erwachsenen mit Salz und Pfeffer würzen.

*Für 1 Baby- und 2 Erwachsenenportionen •*
*25 Min. Zubereitung •*
*Pro Babyportion ca. 240 kcal, 15 g E, 4 g F, 32 g KH*

# MIE-NUDELN MIT HUHN

EXOTISCH | AB ANFANG 10. MONAT

*200 g rote Paprika • 250 g Zucchini • 1 Bund Frühlingszwiebeln • 200 g Hähnchenbrustfilet • 1 EL Butter • 100 g Kokosmilch • 200 g Mie-Nudeln • Sojasauce*

**1** Das Gemüse waschen und putzen. Paprika halbieren, weiße Trennwände und Kerne entfernen. Zucchini und Paprika in lange dünne Streifen, Frühlingszwiebeln in Ringe schneiden. Hähnchenbrust in 1 cm große Würfel schneiden.

**2** Die Butter in einer tiefen, beschichteten Pfanne erhitzen und die Hähnchenbrust darin anbraten, das Gemüse dazugeben und 5–6 Min. mitdünsten. Kokosmilch und 300 ml Wasser angießen. Einmal aufkochen, Mie-Nudeln dazugeben, Deckel auflegen und 2 Min. ziehen lassen.

**3** Für das Baby ein Fünftel beiseitestellen. Die Elternportionen mit Sojasauce abschmecken.

*Für 1 Baby- und 2 Erwachsenenportionen • 25 Min. Zubereitung • Pro Babyportion ca. 215 kcal, 8 g E, 11 g F, 21 g KH*

# DINKEL-PILZ-TOPF

B-VITAMINE | AB ANFANG 10. MONAT

*400 g kleine Champignons • 1 kleine Zwiebel • 3 EL Olivenöl • 2 EL Tomatenmark • ½ TL Thymianblättchen • 400 g stückige Tomaten (Dose) • 1 Prise Zucker • Salz, Pfeffer • 140 g Schnellkoch-Dinkel • 125 g Mini-Mozzarella*

**1** Pilze säubern, in dünne Scheiben schneiden. Zwiebel schälen und in feine Würfel schneiden. Mit 2 EL Öl und dem Tomatenmark in einer Pfanne andünsten. Pilze und Thymian dazugeben und 2–3 Min. rundherum anbraten.

**2** Tomaten und 200 ml Wasser angießen, einmal aufkochen. 1 Prise Zucker dazugeben, leicht salzen und pfeffern. Dinkel einrühren und in ca. 12 Min. weich garen.

**3** Für das Baby ein Fünftel beiseitestellen, übriges Öl unterziehen. Übrigen Dinkeltopf mit Salz und Pfeffer würzen, Mozzarella untermischen.

*Für 1 Baby- und 2 Erwachsenenportionen • 30 Min. Zubereitung • Pro Babyportion ca. 305 kcal, 9 g E, 17 g F, 29 g KH*

# POLENTA MIT EI

VITAMIN-C-REICH | AB 10. MONAT

*300 g Brokkoli • 2–3 EL Butter • 140 g Instant-Polenta (Maisgrieß) • 500 ml salzarme Gemüsebrühe • 2 Maiskolben (oder 300 g Mais; Dose) • 100 g Schmand • 3 Eier • Salz, Pfeffer*

**1** Brokkoli waschen und putzen. Röschen abtrennen und sehr klein schneiden. Stiele schälen, klein würfeln und in der Butter 3 Min. andünsten. Polenta und Brühe dazugeben. Alles aufkochen und zugedeckt bei kleiner Hitze ca. 10 Min. quellen lassen.

**2** Mais von Blättern und Fäden befreien. Körner von den Kolben schneiden. Mit Brokkoliröschen und Schmand unter die Polenta rühren und 2–3 Min. erhitzen.

**3** Die Eier in 8 Min. kernweich kochen, pellen und vierteln. Ein Fünftel fürs Baby reservieren. Übrige Polenta mit Salz und Pfeffer würzen.

*Für 1 Baby- und 2 Erwachsenenportionen • 25 Min. Zubereitung •*
*Pro Babyportion ca. 265 kcal, 8 g E, 11 g F, 33 g KH*

# COUSCOUS-APFEL-SCHMARREN

ABWEHRSTÄRKEND | AB 10. MONAT

*75 g Couscous*
*1 Prise Zimtpulver*
*200 ml naturtrüber Apfeldirektsaft*
*400 g Äpfel*
*3 Eier*
*60 g Dinkelmehl (Type 1050)*
*25 g gemahlene Walnüsse*
*Salz*
*2 EL Butter*
*Puderzucker (nach Belieben)*

**1** Couscous mit Zimtpulver in einer Schüssel mischen, mit dem Apfelsaft übergießen und quellen lassen. Die Äpfel waschen, trocken reiben, vierteln und das Kerngehäuse entfernen. Die Viertel in schmale Spalten schneiden.

**2** Eier trennen. Eigelbe mit Mehl, Nüssen und Couscous verrühren, Eiweiße mit einer Prise Salz zu Schnee schlagen und unterziehen.

**3** In einer großen, beschichteten Pfanne die Hälfte der Apfelspalten in 1 EL Butter andünsten. Die Hälfte des Teigs darüberschöpfen, zugedeckt backen, in Stücke teilen, wenden und von der zweiten Seite fertigbraten. Den übrigen Teig ebenso zubereiten. Nach Belieben mit Puderzucker bestäuben.

*Für 1 Baby- und 2 Erwachsenenportionen • 35 Min. Zubereitung •*
*Pro Babyportion ca. 225 kcal, 5 g E, 6 g F, 38 g KH*

# OBSTREIS MIT MANGO

GUTE FETTE | AB 10. MONAT

*60 g Cashewkerne*
*140 g Vollkornreis*
*150 ml heller Traubensaft*
*1 Msp. gemahlene Vanille*
*500 g Mango*
*½ Zitrone*

**1** Cashewkerne in einer Pfanne ohne Fett anrösten, herausnehmen und hacken. Den Reis mit dem Saft, 100 ml Wasser, Cashewkernen und Vanille aufkochen, bei niedriger Temperatur ca. 30 Min. nach Packungsangabe quellen lassen. Bei Bedarf Wasser nachgießen.

**2** Inzwischen die Mango schälen und das Fruchtfleisch vom Stein schneiden. Die Hälfte des Fruchtfleischs in kleine Würfel schneiden. Die Zitrone auspressen. Die übrige Mango mit dem Zitronensaft fein pürieren.

**3** Das Mangopüree unter den Reis rühren. Mangowürfel und Cashewkerne dazugeben und noch warm servieren. Schmeckt auch kalt! Dann Mangopüree und -würfel vor dem Essen unterziehen.

# ELFTER BIS ZWÖLFTER MONAT

Ihr Baby verträgt jetzt Ihr Essen, wenn Sie schwach salzen, mild würzen und sanft garen. Das tut auch Ihnen gut. Einmal am Tag sollten Sie gemeinsam essen. Bei guter Organisation kein Problem: Meine Vorratsrezepte helfen dabei. Es klappt meist auch gut, Ihr Baby erst zu füttern und dann selber zu essen. Zur Gesellschaft kann es an Obstspalten knabbern.

Morgens kann Ihr Kind zunehmend mit Ihnen frühstücken – anfangs ergänzend zur Milchmahlzeit. Saftiges Brot mit cremigen Aufstrichen schmecken ihm gut. Müslis sollten noch milchfrei sein.
Sie können auf Getreide- oder Nussdrinks statt Wasser zurückgreifen.
Im zweiten Lebensjahr können Sie dann auf Milch oder Joghurt umsteigen, weil sie ungesüßt sind und reich an Kalzium: wichtig für die Knochen.
Auch Käse und Quark sind dann erlaubt.

Auf den Seiten 58 und 59 finden Sie Ernährungsratschläge für Probleme rund um Verdauung, Schnupfen, Fieber und Essmarotten.

*Für 1 Portion • 10 Min. Zubereitung • Pro Portion ca. 145 kcal, 2 g E, 10 g F, 11 g KH*

# RÜBLIMÜSLI

## REICH AN BETAKAROTIN | AB ANFANG 11. MONAT

*100 g Möhren • 50 ml frisch gepresster Orangensaft • 2 EL Sahne • 2 EL blütenzarte Haferflocken (ersatzweise Hirseflocken)*

**1** Die Möhren waschen und samt Schale fein reiben. Mit Orangensaft und Joghurt mischen.

**2** Die Haferflocken unterrühren und kurz quellen lassen.

**TIPP**
Statt Möhren können Sie auch Apfel in das Müsli reiben. Mit einer kleinen zermusten Banane wird der Müslistart mild-süß. Bei Pop-Amarant statt Flocken die doppelte Menge nehmen.

*Für 1 Portion • 15 Min. Zubereitung • 12 Std. Einweichen • Pro Portion ca. 175 kcal, 4 g E, 7 g F, 24 g KH*

# OVERNIGHT-OATS

## ABWEHRSTÄRKEND | AB ANFANG 11. MONAT

*2 EL Hirseflocken • 1 EL geriebene Nüsse • 6 EL Traubensaft • 3 EL Milch • 100 g Beeren (z. B. Heidelbeeren, Himbeeren, Erdbeeren)*

**1** Die Flocken und Nüsse mit dem Traubensaft in einem Schraubglas mischen. Das Glas verschließen und über Nacht in den Kühlschrank stellen.

**2** Am nächsten Morgen die Milch dazugeben. Die Beeren waschen und verlesen, unter das Müsli mischen und dabei zerdrücken.

**INFO**
So eingeweicht werden die Flocken besser verträglich – ihre Nährstoffe werden leichter aufgenommen und verwertet.

*Für 1 Portion • 15 Min. Zubereitung •*
*Pro Portion ca. 180 kcal, 5 g E, 7 g F, 25 g KH*

# PFLAUMENBREI

VERDAUUNGSANREGEND | AB ANFANG 6. MONAT

*100 g entsteinte Pflaumen • 20 g Dinkelflocken • 1 TL Mandelmus*

**1** Die Pflaumen waschen und klein schneiden. In einem Topf mit 100 ml Wasser aufkochen lassen. Zugedeckt bei kleiner Hitze 3 Min. dünsten.

**2** Die Flocken unterrühren, aufkochen und bei kleiner Hitze 2 Min. kochen lassen. Bei Bedarf etwas Wasser dazugeben. Vom Herd nehmen und das Mandelmus unterziehen.

**TIPP**
Wenn Ihr Kind noch keine stückigen Mahlzeiten mag, können Sie den Frühstücksbrei auch kurz pürieren.

*Für 1 Portion • 30 Min. Zubereitung •*
*Pro Portion ca. 195 kcal, 4 g E, 7 g F, 27 g KH*

# APFELBREI

SÄTTIGEND | AB ANFANG 6. MONAT

*1 kleiner Apfel (ca. 100 g, z. B. Cox Orange, Braeburn, Gala oder Jonagold) • 20 g Vollkorngrieß • 2 Walnusskerne • 1 TL Rosinen*

**1** Den Apfel waschen, trocken reiben, vierteln und das Kerngehäuse entfernen. Die Viertel in Stücke schneiden.

**2** 100 ml Wasser mit den Apfelstückchen aufkochen, Grieß unter Rühren einrieseln lassen, vom Herd nehmen und 5 Min. ausquellen lassen.

**3** Inzwischen die Nüsse und die Rosinen sehr fein hacken und unterziehen. Den Brei nach Belieben fein pürieren.

*Für ca. 30 Stück • 40 Min. Zubereitung • 45 Min. Gehen • 24 Min. Backen • Pro Stück ca. 90 kcal, 3 g E, 3 g F, 12 g KH*

# APFEL-HAFER-BRÖTCHEN

BALLASTSTOFFREICH | AB ANFANG 10. MONAT

*125 ml naturtrüber Apfeldirektsaft*
*100 g Butter*
*300 g süßliche Äpfel*
*300 g Mehl (Type 1050)*
*200 g blütenzarte Haferflocken*
*1 Pck. Trockenhefe*
*1 Msp. gemahlene Vanille*
*1 Prise Salz*

**1** Apfelsaft erwärmen, Butter darin zerlassen. Äpfel waschen, trocken reiben und mit Schale bis auf das Kerngehäuse grob raspeln.

**2** Mehl, Haferflocken und Hefe mischen. Mit dem Apfelsaftmix, dem geriebenen Apfel, der Vanille und dem Salz so lange kneten, bis der Teig elastisch ist. Evtl. noch 2–3 EL Flüssigkeit dazugeben – der Teig quillt noch nach. Den Teig abgedeckt an einem warmen Ort 30 Min. gehen lassen, bis er sein Volumen verdoppelt hat.

**3** Backofen auf 200° vorheizen. 2 Bleche mit Backpapier auslegen. Teig noch einmal kneten. Mit bemehlten Händen pflaumengroße Stücke abschneiden, formen und mit Abstand auf die Bleche setzen. Weitere 10–15 Min. ruhen lassen.

**4** Brötchen mit etwas Wasser bepinseln. Im heißen Ofen (Mitte) ca. 12 Min. backen. Das zweite Blech im Anschluss backen.

*Für ca. 5 Waffeln • 30 Min. Zubereitung • Pro Waffel ca. 280 kcal, 7 g E, 19 g F, 20 g KH*

# WEICHE NUSSWAFFELN

BALLASTSTOFFREICH | AB ANFANG 10. MONAT

*50 g weiche Butter*
*1 Ei*
*2 EL Carobpulver*
*Salz*
*120 g Mehl (Type 1050)*
*50 g geriebene Nüsse*
*Puderzucker (nach Belieben)*
*Öl für das Waffeleisen*
*Waffeleisen*

**1** Die Butter schaumig rühren, dann das Ei unterschlagen. Carob, 1 Prise Salz, Mehl und Nüsse vermengen. Diese Mehlmischung und 200 ml Wasser abwechselnd nach und nach unter die Butter-Ei-Masse rühren. Den Teig ca. 10 Min. quellen lassen.

**2** Das Waffeleisen vorheizen, die Backflächen mit wenig Öl einpinseln. Portionsweise 5–6 EL Teig in die Mitte des Waffeleisens geben, Deckel schließen und Waffeln in ca. 3–5 Min. goldgelb ausbacken. So viele Waffeln backen, bis der Teig verbraucht ist. Die fertigen Waffeln nach Belieben mit Puderzucker bestäuben.

**INFO**
Carob ist die Schote des Johannisbrotbaumes. Sie schmeckt süßlich-schokoladig und ist eine gesunde Alternative zu Kakao.

*Für 6 Portionen • 15 Min. Zubereitung • Pro Portion ca. 45 kcal, 1 g E, 3 g F, 3 g KH*

# MÖHREN-AUFSTRICH

KAROTINREICH | AB ANFANG 10. MONAT

*100 g Möhren • 2 EL Sonnenblumenkerne • 3 Soft-Datteln • 1 EL Crème fraîche • 1 Prise Ingwerpulver*

**1** Möhren schälen und grob raspeln. Die Sonnenblumenkerne in einer Pfanne ohne Fett rösten, bis sie duften. Die Möhrenraspel dazugeben und dünsten, bis die Raspel weich sind. Etwas abkühlen lassen.

**2** Inzwischen die Datteln hacken. Zusammen mit der Crème fraîche und dem Ingwerpulver zu den Möhren geben und fein pürieren. Hält sich im Kühlschrank 3–4 Tage.

**TAUSCH-TIPP**
Statt Möhren passen auch Hokkaidokürbis, Süßkartoffeln oder Pastinaken und statt Datteln helle Rosinen.

*Für 6 Portionen • 30 Min. Zubereitung • Pro Portion ca. 60 kcal, 2 g E, 2 g F, 7 g KH*

# PAPRIKACREME

VITAMIN-C-REICH | AB ANFANG 10. MONAT

*3 rote Paprika • 2 EL Tomatenmark • 2 EL Tahin (Sesampaste) • Sojasauce • 3–4 EL Instant-Getreideflocken*

**1** Paprika waschen, halbieren, weiße Trennwände und Kerne entfernen. Die Schoten mit 150 ml Wasser in einem geschlossenen Topf ca. 20–25 Min garen, bis sie weich sind, abkühlen lassen.

**2** Das Fruchtfleisch mit einem Löffel aus der Haut kratzen und mit Tomatenmark und Tahin fein pürieren. Mit wenig Sojasauce abschmecken. Die Getreideflocken einrühren und kurz quellen lassen. Für eine festere Konsistenz mehr Flocken einrühren. Bleibt im Kühlschrank 7 Tage frisch.

*Für 6 Portionen • 20 Min. Zubereitung • 12 Std. Einweichen • Pro Portion ca. 65 kcal, 0 g E, 0 g F, 15 g KH*

# FRUCHTAUFSTRICH

STUHLAUFLOCKERND | AB ANFANG 10. MONAT

*10 Soft-Aprikosen • 3 EL Rosinen • 200 ml naturtrüber Apfeldirektsaft • 1 Prise Zimtpulver*

**1** Am Vorabend Aprikosen und Rosinen in grobe Stücke schneiden und im Apfelsaft einweichen.

**2** Am nächsten Morgen die weichen Früchte pürieren und mit 1 Prise Zimtpulver abschmecken.

**3** Den Fruchtaufstrich in ein sauberes Schraubglas füllen und im Kühlschrank aufbewahren. Bleibt ca. 7 Tage frisch.

**TIPP**
Schmeckt auch mit getrockneten Feigen oder Pflaumen und anderen Säften.

*Für ca. 6 Portionen • 10 Min. Zubereitung • Pro Portion ca. 50 kcal, 1 g E, 3 g F, 4 g KH*

# SCHOKOSTREICH

MILCHFREI | AB ANFANG 10. MONAT

*1 reife Banane (ca. 90 g) • 1 TL Kakaopulver • 30 g gemahlene Haselnüsse*

**1** Die Banane schälen und mit Kakaopulver und Haselnüssen pürieren, bis eine cremige Masse entsteht.

**2** In ein sauberes Schraubglas füllen und im Kühlschrank aufbewahren. Der Aufstrich bleibt ca. 7 Tage frisch.

**TIPP**
Die gemahlenen Nüsse quellen stark nach: Wird der Aufstrich zu fest, am nächsten Tag noch etwas Wasser hinzufügen.

*Für 1 Baby- und 2 Erwachsenenportionen • 15 Min. Zubereitung • 30 Min. Ruhen •*
*Pro Babyportion ca. 295 kcal, 9 g E, 16 g KH, 28 g F*

# BLINI MIT TOMATENSAUCE

## BALLASTSTOFFREICH | AB ANFANG 11. MONAT

*120 g Buchweizenmehl*
*3 EL gemahlene Mandeln*
*150 ml Milch*
*1 TL Trockenhefe*
*Salz*
*200 g Möhren*
*2 Stangen Staudensellerie*
*1 EL Tomatenmark*
*3 EL Rapsöl*
*250 g stückige Tomaten (Dose)*
*2 EL Schmand*

**1** Mehl und Mandeln mit der Milch und ca. 150 ml heißem Wasser verrühren, sodass ein zähflüssiger Teig entsteht. Hefe und 1 Prise Salz dazugeben und den Teig abgedeckt mind. 30 Min. gehen lassen.

**2** Inzwischen die Möhren waschen, bei Bedarf schälen und grob raspeln. Staudensellerie waschen, in dünne Scheiben hobeln. Beides mit Tomatenmark und 1 EL Öl in einer Pfanne kurz anrösten, dann die Tomaten dazugießen. Ca. 5 Min. einkochen lassen, mit Salz und Schmand abschmecken.

**3** Aus je 2 EL Teig in einer Pfanne im restlichen Öl von beiden Seiten 12 Blini ausbacken. Auf Küchenpapier abtropfen lassen. Zusammen mit der Tomaten-Möhren-Sauce auftischen.

*Für 1 Baby- und 2 Erwachsenenportionen • 25 Min. Zubereitung •*
*Pro Babyportion ca. 250 kcal, 6 g E, 16 g F, 21 g KH*

# RÖSTI MIT GRÜNER SAUCE

GUTE FETTE | AB ANFANG 11. MONAT

*500 g Kartoffeln*
*250 g Möhren*
*250 g Zucchini*
*1 Ei*
*4 EL Vollkornmehl*
*Salz, Pfeffer*
*½ TL getrockneter Majoran*
*1 reife Avocado*
*2 EL Zitronensaft*
*100 g Joghurt*
*2 EL Rapsöl*

**1** Kartoffeln und Gemüse waschen. Kartoffeln schälen, das Gemüse putzen, nur wenn nötig schälen. Alles – am besten mit der Küchenmaschine – grob raspeln. Ei und Mehl unter die Kartoffel-Gemüse-Raspel mischen, mit sehr wenig Salz, Pfeffer und Majoran würzen.

**2** Inzwischen die Avocado halbieren, Kern herauslösen, Fruchtfleisch mit einem Löffel aus der Schale heben. Mit dem Zitronensaft und ganz wenig Salz und Pfeffer fein pürieren. Dann den Joghurt unterziehen.

**3** Backpapier in Pfannengröße ausschneiden, in die Pfanne legen, mit etwas Öl einpinseln. Die Hälfte der Kartoffelmasse darauf verteilen, 3–4 Min. braten, dann mithilfe des Backpapiers wenden, fertig braten. Zweiten Rösti ebenso braten. Mit dem Avocadodip servieren. Dazu passt auch das Linsen-Hummus von Seite 33.

*Für ca. 4 Baby- und 4 Erwachsenenportionen • 30 Min. Zubereitung • 30 Min. Backen • Pro Babyportion ca. 220 kcal, 9 g E, 10 g F, 18 g KH*

# FAMILY-QUICHE

FÜR DEN VORRAT | AB 11. MONAT

*250 g Möhren*
*4 EL Öl*
*2 TL mildes Currypulver*
*750 ml Haferdrink*
*250 g Polenta (Maisgrieß)*
*Salz*
*500 g Zucchini*
*100 g Datteltomaten*
*1 Bd. Basilikum*
*6 Eier*
*Pfeffer*
*80 g Tomatenmark*
*300 g TK-Erbsen*

**1** Die Möhren waschen, bei Bedarf schälen, fein raspeln. Im Öl mit dem Currypulver andünsten, den Haferdrink angießen, Polenta dazugeben und aufkochen. Bei kleiner Hitze ca. 15 Min. quellen lassen. Evtl. ganz leicht salzen.

**2** Inzwischen übriges Gemüse waschen und putzen. Zucchini in 1 cm große Würfel, die Tomaten in Scheiben schneiden.

**3** Den Backofen auf 200° vorheizen. Ein tiefes Backblech mit Backpapier auslegen. Die Polenta darauf ausstreichen. Basilikum samt Stielen waschen und mit den Eiern fein pürieren. Sehr zart mit Salz und Pfeffer würzen.

**4** Tomatenmark auf die Polenta streichen. Die TK-Erbsen, Zucchini und die Tomaten darauf verteilen, in die Polenta drücken, dann den Eierguss darübergießen. Im heißen Backofen (Mitte) ca. 30 Min. backen. In 12 Stücke teilen. Pro Erwachsene 2 Stücke, pro Baby 1 Stück rechnen. Vor dem Portionieren und Tiefkühlen erkalten lassen.

**TIPP**
Raffinierter wird es, wenn man 80 g gemahlene Mandeln mit der Polenta unter den Haferdrink mischt. Wer es würzig mag, rührt noch 50 g Parmesan in den Eierguss.

# WAS MACHE ICH, WENN ...

### ... MEIN BABY DURCHFALL HAT?

Wenn er länger als 2 Tage andauert, gehen Sie mit der Windel als Diagnosehilfe zum Kinderarzt. Viel trinken ist jetzt besonders wichtig. Stillen Sie deshalb möglichst oft. Die Milch für die Flasche bereiten Sie mit doppelter Wassermenge zu. Lindernd ist auch eine Rehydrationslösung (Apotheke) oder Tee (1 TL Schwarztee mit 1 l Wasser überbrühen, mit 15 g Zucker und 1 Prise Salz mischen).

### ... MEIN BABY BAUCHWEH HAT?

Schwer verdauliches Essen kann Ihr Kind quälen: Hülsenfrüchte, Kohl, Nüsse und Kerne oder grobes Vollkorn erstmal weglassen. Beim Füttern darauf achten, dass Ihr Baby nicht zu viel Luft schluckt. Gewürze wie Fenchel, Kümmel und Anis wirken beruhigend – auch im Tee. Bauchmassage mit Fenchelöl, Schaukeln in der »Fliegerposition« oder Wärmflaschen können zusätzlich helfen.

### ... MEIN BABY VERSTOPFUNG HAT?

Die Umstellung von Milch auf Brei erfordert ausreichend Flüssigkeit: Zusätzlich Wasser oder dünnen Tee zu trinken geben. Pastinaken und Topinambur mit ihrem Inulin sowie Apfelmus und etwas Milchzucker wirken stuhllockernd, Karotten und Banane eher stopfend. »Radfahren« auf dem Wickeltisch regt den Darm an.

### ... MEIN BABY SPUCKT?

Spuckt es in hohem Bogen und hat es auch noch grünen Durchfall, dann gehen Sie direkt zum Arzt. Nach dem Erbrechen 2 Stunden nichts außer Tee geben. Dann langsam über verdünnte Milchnahrung und Brei wieder auf die gewohnte Nahrung übergehen. Wer stillt, sollte unbedingt weiterstillen. Nimmt Ihr Baby trotz Spucken zu, warten Sie mit dem Füttern nicht, bis es schreit und gierig ist, sondern füttern Sie etwas früher.

## ... MEIN BABY DEN BREI ABLEHNT?

Die größte Umstellung für Ihr Baby ist neben dem Geschmack die Konsistenz: Der Brei fühlt sich ganz anders im Mund an. Geben Sie ihm Zeit und seien Sie auch selber geduldig. Achten Sie auf einen angenehmen, breiten, weichen und nicht zu tiefen Löffel. Wenn es gar nicht klappen will, mischen Sie etwas gewohnte (Mutter-)Milch in den Brei.

## ... MEIN BABY FIEBER HAT?

Flüssigkeit ist jetzt am wichtigsten. Am besten den Brei mit Wasser oder Saft verdünnen, eventuell mit der Flasche geben. Notfalls vorübergehend reines Obstmus füttern: Es ist leicht verdaulich und enthält abwehrstärkende Vitamine. Wenn Ihr Baby gesund ist, braucht es unbedingt wieder normale Kost. Hat es abgenommen, lieber viele kleine Mahlzeiten geben, bis es wieder fit ist.

## ... MEIN BABY KEIN GEMÜSE ESSEN MAG?

Probieren Sie es unbedingt weiter. Wichtig ist vor allem die Konsistenz: Ist der Brei vielleicht zu dick? Verdünnen und pürieren Sie. Testen Sie milde Sorten wie Süßkartoffeln, Kürbis, Zucchini, Möhren oder Pastinaken. Notfalls etwas Traubensaft oder süßes Obst wie Melone, Birne oder Banane zugeben.

## ... MEIN BABY ERKÄLTET IST?

Viel trinken tut gut: Dünnen Holunder- oder Lindenblütentee mit 1–2 EL frisch gepresstem O-Saft mischen. Oder eine kräftige Hühnerbrühe kochen und warm mit der Flasche geben – am besten in kleinen Portionen. Salzlösung, Muttermilch oder homöopathische Medikamente in die Nasenlöcher träufeln, damit es Luft bekommt. Für frische Luft sorgen.

# REGISTER

Vegetarische Rezepte, die im Buch mit einem 🌿 gekennzeichnet sind, sind hier grün abgesetzt.

## M/N/O



## P



## R/S/T



## W/Z

**Projektleitung:** Monika Greiner
**Lektorat:** Margarethe Brunner
**Korrektorat:** Ulrike Wagner
**Gesamtgestaltung:** independent Medien-Design, München: Horst Moser (Artdirection), Lucie Heselich, Svenja Wamser
**Herstellung:** Petra Roth
**Satz:** Kösel, Krugzell
**Reproduktion:** Repro Ludwig, Zell am See
**Druck und Bindung:** Firmengruppe APPL, aprinta druck, Wemding
**Syndication:** www.seasons.agency
Printed in Germany

2. Auflage 2019
ISBN 978-3-8338-6851-1

www.facebook.com/gu.verlag

GRÄFE UND UNZER

*Ein Unternehmen der*
GANSKE VERLAGSGRUPPE

## DIE AUTORIN

**Dagmar von Cramm**, Freiburger Diplom-Ökotrophologin und gefragte Ernährungsexpertin. Sie publiziert zum Thema Gesundheit, Kochen und Ernährung, nimmt an wissenschaftlichen Symposien teil und tritt im TV auf. Dagmar von Cramm ist Mitglied im Präsidium der Deutschen Gesellschaft für Ernährung und Präsidentin der Stiftung »Besser essen. Besser leben.« Für die Mitarbeit an diesem Buch gilt ihr Dank Nina Lange.
www.dagmarvoncramm.de

## DIE FOTOGRAFIN

**Mona Binner** arbeitet erfolgreich für namhafte Kunden, Magazine und Verlage – immer das jeweils perfekte Foto im Blick. Sie lebt mit ihrem Mann, Sohn und einer Katze in Hannover. Unterstützt wurde sie bei diesem Buch von **Julia Luck** (Foodstyling), Kristina Geisel und Lisa Walckenhorst (Assistenz). Herzlichen Dank für die Bereitstellung der schönen Requisiten an www.pinkmilk.de

## BILDNACHWEIS

Mona Binner: S. 06–59 und Bilder auf der Klappe hinten innen
AUEN60 Photography (Julia Schärdel & Ines Häberlein): S. 01, 05 und Stillleben auf den Klappen
Silvio Knesevic: Coverfoto
Nina Lange: Autorenfoto

**Umwelthinweis:**
Dieses Buch ist auf PEFC-zertifiziertem Papier aus nachhaltiger Waldwirtschaft gedruckt.

QUALITÄTS G|U GARANTIE

## LIEBE LESERINNEN UND LESER,

wir wollen Ihnen mit diesem Buch Informationen und Anregungen geben, um Ihnen das Leben zu erleichtern oder Sie zu inspirieren, Neues auszuprobieren. Wir achten bei der Erstellung unserer Bücher auf Aktualität und stellen höchste Ansprüche an Inhalt und Gestaltung. Alle Anleitungen und Rezepte werden von unseren Autoren, jeweils Experten auf ihrem Gebiet, gewissenhaft erstellt und von unseren Redakteuren/innen mit größter Sorgfalt ausgewählt und geprüft.

Haben wir Ihre Erwartungen erfüllt? Sind Sie mit diesem Buch und seinen Inhalten zufrieden? Haben Sie weitere Fragen zu diesem Thema? Wir freuen uns auf Ihre Rückmeldung, auf Lob, Kritik und Anregungen, damit wir für Sie immer besser werden können. Und wir freuen uns, wenn Sie diesen Titel weiterempfehlen, in Ihrem Freundeskreis oder online.

Sollten wir Ihre Erwartungen so gar nicht erfüllt haben, tauschen wir Ihnen Ihr Buch jederzeit gegen ein gleichwertiges zum gleichen oder ähnlichen Thema um.

## KONTAKT

GRÄFE UND UNZER VERLAG
Leserservice
Postfach 86 03 13
81630 München
E-Mail: leserservice@graefe-und-unzer.de

Telefon: 0 08 00 / 72 37 33 33*
Telefax: 0 08 00 / 50 12 05 44*
Mo–Do: 9.00–17.00 Uhr
Fr: 9.00–16.00 Uhr (*gebührenfrei in D,A,CH)

# APPETIT AUF MEHR?

ISBN 978-3-8338-5014-1

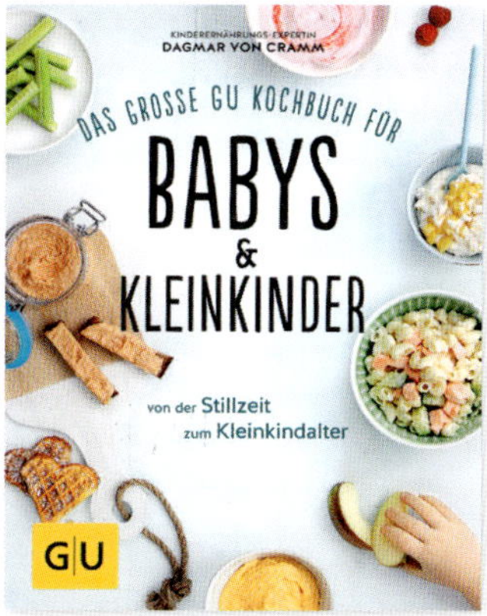


ISBN 978-3-8338-6261-8

ISBN 978-3-8338-4465-2

ISBN 978-3-8338-6463-6

ISBN 978-3-8338-2261-2

ISBN 978-3-8338-3318-2

e Auch als eBook erhältlich.

Mehr von GU auf **www.gu.de** und **facebook.com/gu.verlag**

# DIE »GU KOCHEN PLUS«-APP

### 1 APP HERUNTERLADEN

Laden Sie die kostenlose »GU Kochen Plus«-App im Apple App Store oder im Google Play Store auf Ihr Smartphone. Starten Sie die App und wählen Sie Ihren Küchenratgeber aus.

### 2 REZEPTBILD SCANNEN

Scannen Sie das gewünschte Rezeptbild mit der Kamera Ihres Smartphones. Klicken Sie im Display die Funktion Ihrer Wahl.

### 3 FUNKTIONEN NUTZEN

Sammeln Sie Ihre Lieblingsrezepte. Speichern und verschicken Sie Ihre Einkaufslisten. Oder nutzen Sie den praktischen Supermarkt-Finder und den Rezept-Planer.